Armenien · Eine Reise in ein altes Land

Peter Hermle

Armenien

Eine Reise in ein altes Land

BoD – Books on Demand

© 2019 Peter Hermle

Umschlagbild: Peter Hermle
Herstellung und Verlag:
BoD – Books on Demand, Norderstedt
ISBN: 978-3-73475-088-5

Inhalt

Vorwort...7
Tag 1 – 10.08.2018..9
Tag 2 – 11.08.2018..11
Tag 3 – 12.08.2018..21
Tag 4 – 13.08.2018..27
Tag 5 – 14.08.2018..37
Tag 6 – 15.08.2018..43
Tag 7 – 16.08.2018..51
Tag 8 – 17.08.2018..59
Tag 9 – 18.08.2018..63
Tag 10 – 19.08.2018..73
Tag 11 – 20.08.2018..79
Nachwort...85

Vorwort

„Wie, nach Armenien", hieß es so oft, nachdem ich die Frage nach meinen Reiseplänen beantwortet hatte. „Was reizt dich daran?" Es waren Bilder und Videos der Landschaften, Klöster und Berge sowie die Musik, die mich auf Armenien brachten. Die Duduk, die armenische Flöte, ein Doppelrohrblattinstrument mit melancholischem Klang. Ein kleines Land, dessen Volk zum größten Teil gar nicht in Armenien lebt.

Eine Entdeckungsreise sollte es werden – der zehntägige Urlaub im August 2018 gemeinsam mit Martin.

Peter Hermle, im August 2018

Tag 1 – 10.08.2018

Der erste Tag der Reise war geprägt vom Packen des Reisegepäcks und dem Flug nach Yerevan, der Hauptstadt des Landes zwischen Georgien, der Türkei, dem Iran und Aserbaidschan. Viel Gepäck ist nicht erforderlich für eine Reise in ein südliches Land im heißesten Monat August. Temperaturen um die 40 Grad Celsius sind nicht unüblich in dieser Zeit, wogegen es im Winter mit minus dreißig Grad bitterkalt werden kann.

In Bezug auf mein Gepäck beschränkte ich mich auf das Nötigste, dachte aber glücklicherweise an eine wärmere Jacke, was sich als sehr sinnvoll erweisen sollte. Das kleine Abenteuer konnte beginnen. Stuttgart – Warschau – Yerevan, so die Reiseroute; leider mit nur 40 Minuten Umsteigezeit in Warschau, was definitiv knapp war. Abgesehen von der Verspätung in Stuttgart und der damit verbundenen Sorge, einen Tag in Warschau verbringen zu müssen, verlief der Flug völlig unspektakulär. In Warschau angekommen, waren wir froh über sehr kurze Wege zum Anschlussgate sowie eine kurze Warteschlange an der Passkontrolle. Im Lauftempo erreichten wir das Gate, um zu unserer Freude festzustellen, dass der Flieger nach Yerevan erheblich verspätet war. Auch eine Verspätung kann Anlass zur Freude sein. Wir waren jedenfalls glücklich über die Aussicht, mit dem geplanten Flieger nach Yerevan zu kommen, und hatten noch Zeit für ein polnisches Bier. Die anfängliche Spannung aufgrund der Verspätung des Flugs nach Warschau legte sich merklich und wirkte sich positiv auf unsere Stimmung und Vorfreude aus.

Tag 2 – 11.08.2018

Da wir über Nacht flogen, begannen wir den zweiten Tag der Reise um Mitternacht am Chopin-Flughafen Warschau. Des Komponisten Konterfei war dort sehr prominent ausgestellt, was nichts an der schon erwähnten Verspätung änderte. Mit etwa zwei Stunden Verzögerung startete der Flug schließlich, um gegen halb sechs früh morgens in Yerevan zu landen. Martin hatte kaum geschlafen und ich auch nur etwa eine Stunde. Jedenfalls kamen wir beide nicht völlig frisch in Yerevan an. Dort erwarteten uns schon Samuel, der Chef der Reiseorganisation suntours, und Tatev, unsere charmante und sehr gut Deutsch sprechende Reisebegleiterin. Auf einer Touristikmesse hatte ich Samuel und Mitarbeiter von suntours kennengelernt, die unter Berücksichtigung unserer Wünsche die Reise geplant und vorbereitet hatten. Hotels waren gebucht und der Reiseplan längst abgestimmt.

Planmäßig hätten wir um drei Uhr fünfundvierzig in Yerevan ankommen sollen. Dem entsprechend hatte suntours für uns schon ab fünf Uhr morgens ein Hotelzimmer reserviert. Leider bietet der zweimal in zwölf Stunden aufgeteilte Tag immer wieder eine beliebte Quelle für missverständliche Angaben der Uhrzeit. So auch in diesem Fall. Die die Anfrage entgegennehmende Dame an der Rezeption des Hotels war offenbar – und realistisch betrachtet nicht sehr überraschend – der Auffassung, es handele sich um siebzehn Uhr, so dass frühmorgens noch nicht beide Zimmer für uns bereit waren. Da half auch die zweistündige Verspätung nicht. Lediglich eines der beiden Zimmer war schon verfügbar. Das wiederum war deutlich zu klein, um uns beiden einen Ruheplatz zu bieten. Samuel bot uns deshalb an, in seinem Büro ein Nickerchen zu machen. Wir fuhren mit seinem Mercedes Vito also noch ein paar Straßen weiter und betraten ein angenehm geräumiges und gut eingerichtetes Büro. Es verfügte über ein kleines Bad mit Dusche und Toilette, welches über Samuels Büro erreichbar war. Außerdem befand sich in seinen Büroräumen eine gut eingerichtete Küche mit großem Kühlschrank, einer Gaskochmulde deutschen Fabrikats sowie einer Abzugshaube von einem schwäbischen Anbieter. Auch die sonstige Einrichtung ließ auf eine erfolgreiche Geschäftstätigkeit von suntours schließen.

Wir genossen die Ruhepause auf den Sofas von suntours. Gegen zehn Uhr morgens nahmen wir eine Dusche, danach ein Frühstück bestehend aus Pflaumen, Pfirsichen und einem kleinen Ararat Cognac. Cognac ist eine Spezialität in Armenien, wo viel Wein angebaut wird. Die uns dargebotene Sorte ist nach dem in der Türkei liegenden, über fünftausend Meter hohen erloschenen Vulkan Ararat benannt. Der Ararat ist, obwohl nicht auf armenischem Territorium liegend, das Nationalsymbol der Armenier und im Wappen des Landes abgebildet. Die Türkei hatte mit dem

Hinweis, dass der Berg auf türkischem Territorium liege und nicht den Armeniern gehöre, dagegen protestiert. Ein pfiffiger russischer Außenminister konterte diese Kritik jedoch mit der Bemerkung, dass der Mond schließlich auch weder ganz noch teilweise zur Türkei gehöre und dennoch auf der türkischen Flagge abgebildet sei.

Gegen zehn Uhr holte Samuel uns aus seinem Büro ab und begleitete uns ins Hotel, welches auch bei zweitem Betrachten keine Sympathiepunkte bei uns sammeln konnte. Ich fragte mich schon, ob ich bei Buchung der Reise den Preis hätte weniger hartnäckig verhandeln sollen. Wir kommen auch ohne Luxus zurecht, hatte ich gesagt. Luxus brauchen wir in der Tat nicht, aber Fenster im Frühstückraum, eine Ablage für Kleidung im Zimmer, ein Bad, das nicht schlecht riecht und über eine richtige Dusche verfügt, wären angenehm gewesen. Nun denn, es würde sich alles finden, sagten wir uns. So war es dann auch. Wir bekamen in einem fensterlosen Kellerraum des Hotels ein einigermaßen ordentliches Frühstück und konnten schließlich gestärkt unsere Zimmer beziehen – oder sagen wir besser unsere Kämmerchen. Vielleicht bin ich mittlerweile mit meinen über fünfzig Jahren ja doch verwöhnter und anspruchsvoller, als ich mir das selbst zugestanden hätte. Glücklicherweise sollte sich schon zwei Tage später herausstellen, dass die erste Hotelerfahrung nicht auf ganz Yerevan oder

Armenien verallgemeinert werden konnte.

Zumindest lag das Hotel sehr zentral. Nach ein paar Gehminuten erreichte man das Opernhaus, dessen Vorplatz von zwei riesengroßen Skulpturen dominiert wird. Statuen des Volksdichters Hovhannes Tumanyan, nach dem eine der Hauptstraßen Yerevans benannt ist, sowie des Komponisten Alexander Spendiarov prägen den Gesamteindruck des großen Platzes vor der Oper. Wer Yerevan kennt und spontan an Chatschaturyan als Hüter der Oper in Form einer Statue denkt, sei gesagt, dass dieser auf der gegenüberliegenden Seite residiert, die ich erst später entdecken sollte. Näher an der großen Straße, eben der Tumanyan, befindet sich ein sehr lebendiges Denkmal des Pianisten und Komponisten Arno Babadjanyan.

Arno Babadjanyan am Klavier

Es zeigt ihn in einer unglaublich dynamischen und kraftvollen Pose am Flügel sitzend. Betrachtet man sie, beginnt gleichsam seine armenische Rhapsodie, die er gemeinsam mit Arutjunyan geschrieben hat, in den Ohren des Betrachters zu erklingen – so er diese Musik irgendwo in seinem Gedächtnis finden kann. Wenn nicht, sei der Hörgenuss dieses schillernden Klavierwerks hiermit wärmstens empfohlen. Das Stück vermittelt nicht zuletzt eine tiefe Melancholie, die ein Teil des armenischen Volkes zu sein scheint.

Um herauszufinden, welche Skulpturen ich jeweils vor mir hatte, war ich auf den Reiseführer angewiesen, denn ich konnte keinen einzigen Buchstaben, geschweige denn Worte in armenischer Schrift lesen. Die Buchstaben sind einzigartig und ohne Ähnlichkeit zu anderen Schriften. Darüber sollten wir einige Tage später noch mehr erfahren. Armenisch ist eine der älteren indogermanischen Sprachen mit Ähnlichkeiten und Lehnwörtern aus dem Griechischen und aus iranischen Sprachen. Aufgrund der Zugehörigkeit zur Sowjetunion bis 1991 spielt natürlich die russische Sprache eine große Rolle in Armenien. So zeigt sich in Yerevan ein buntes Schriftbild: Armenische, kyrillische und lateinische Buchstaben gesellen sich auf Plakaten Schildern, Anzeigen und Speisekarten. In der Hauptstadt kommt man als Tourist mit Englisch ganz gut zurecht, aber sobald man touristische Zentren verlässt, kann man sich nicht mehr auf das

Englisch der Armenier verlassen. Für eine Tour auf eigene Faust empfehlen sich eher russische Sprachkenntnisse.

Die Hotelfrage hatte sich mittlerweile geklärt. Nachdem sich bestätigt hatte, dass der selbst für einen Menschen mit unterentwickeltem Riechorgan wahrnehmbare Mief das Badezimmer durch Lüften nicht verlassen würde, bat ich für die Folgenacht um ein anderes Zimmer. Diesem Wunsch konnte suntours glücklicherweise entsprechen. So fand die kleine Herausforderung ein gutes Ende.

Tatev hatte uns um fünfzehn Uhr abgeholt und uns ein paar Highlights der Stadt gezeigt. Wir gingen eine im Vergleich zum übrigen Straßenmuster diagonal liegende Einkaufsstraße entlang, die *Northern Avenue*. Diese stellt eine Verbindungslinie vom Opernplatz zum Nationalmuseum am Hanrapetutyan Square, dem Platz der Republik, her. Es ist immer wieder überraschend, wie viel es in einer unbekannten Stadt in einem unbekannten Land zu staunen gibt. Tatev führte uns in ein Restaurant, in dem wir armenische Pizza aßen, außerdem Salat und eine Pilzsuppe, die nach unseren Kategorien eher als eine recht dickflüssige Soße einzuordnen wäre. Der gute Geschmack ließ jedoch die Konsistenzüberlegungen rasch und nachhaltig abflauen. Die Pizza, deren Besonderheit in einem Teigdeckel auf der Füllung bestand, war bunt gefüllt und lecker. Auch der Salat war sehr fein, wenn auch nicht sensationell neu und andersartig im Vergleich zu deutscher Küche.

Nach einer kurzen Ruhezeit im Hotel, die wir nach der Nacht im Flugzeug nötig hatten, machten wir uns zu zweit auf, um erneut durch die Stadt zu bummeln. In der Nähe der Oper ließen wir uns in einem gemütlichen Café nieder und bestellten *Café Oriental*. Sicherlich beeinflusste auch der Preis des Getränks meine Entscheidung: knapp fünfzig Cent genügten für den leckeren mokkaartigen Kaffee, oder sagen wir einfach Mokka oder schlicht türkischen Kaffee. Für eine präzisere Spezifikation bin ich einfach zu wenig Kaffeeexperte. Für noch größere Kaffeebanausen als mich sei erwähnt, dass die Tasse am Ende des Trinkgenusses den Blick auf den Kaffeesatz bestehend aus feinst gemahlenem Kaffee freigab. Diese Eigenschaft kennzeichnet den türkischen Kaffee, der in Armenien natürlich ganz überwiegend als *armenischer Kaffee* bekannt ist.

Ein genüsslich-gemütliches Bummeln schloss sich an. Kleine Kinder hatten Spaß in sehr schön gemachten Elektroautos, in denen sie ohne weitere Sicherheitsvorkehrungen oder spezielle Bahnen im langsamen Schritttempo zwischen Fußgängern herumkurvten. Ein solch zwangloses Vergnügen würde ich auch deutschen Kindern gönnen, denen ein solcher Spaß ihäufig durch überzogene Sicherheits- und Haftungsbedenken vorenthalten wird.

Schließlich kamen wir erneut am Platz der Republik an. Es war noch hell und etliche Leute hatten sich schon an dem Platz rund um einen großen Brunnen versammelt. Immer wieder waren uns Straßenmusiker begegnet und an dem großen Brunnen des Platzes spielte ein Klarinettist unterstützt durch Tonband und Lautsprecher flotte Musik. Ein fröhlicher Armenier beobachtete mich, wie ich mich leicht zur Musik bewegte, streckte mir die Hände entgegen und forderte mich zu einem Tänzchen auf. Ich ließ mich nicht zweimal bitten und ein spontaner Tanz auf rhythmische Musik begann.

Wir hatten Spaß und freuten uns einfach über die vielen Menschen. Wir stellten uns die Frage, wie viele Ausländer sich wohl in Yerevan aufhalten mochten, konnten diese jedoch nicht so leicht beantworten. Wie sollten wir als Neulinge in diesem Teil der Erde auch Armenier von Menschen aus den umliegenden Ländern unterscheiden können.

Nach einiger Zeit ließen wir uns auf der breiten Treppe vor dem Nationalmuseum nieder und hatten einen guten Überblick über den Platz. Die Atmosphäre war angenehm und friedvoll, während es langsam dämmerte. Gegen neun Uhr erschall plötzlich laute klassische Musik aus Lautsprechern, die am Nationalmuseum angebracht waren. Und im selben Augenblick begannen die Fontänen im Brunnen das Wasser in fein auf die Musik abgestimmter

Choreographie in die Luft zu sprühen. Ein beeindruckendes Schauspiel begann. Scheinwerfer in allen Farben beleuchteten die Wasserfontänen und untermalten die Musik kreativ und pittoresk. Feinster Sprühregen, Wasserspiralen und senkrecht emporschießende Wassereruptionen fesselten die Augen, während die Musik selbiges mit den Ohren tat. Wir waren begeistert und sehr froh darüber, dieses Ereignis genießen zu können. Auch im Nachhinein empfinde ich dieses Erlebnis als ein Highlight der Reise und die Teilnahme an dem feucht-bunten Spektakel sei jedem Yerevan-Besucher empfohlen.

So ging der erste Tag in der Hauptstadt Armeniens zu Ende. Der Weg zurück wurde für Martin von einem liebevoll und etwas umständlich zubereiteten Crêpes mit Nutella versüßt. Schließlich kamen wir im Hotel an freuten uns auf die Nachtruhe.

Tag 3 – 12.08.2018

Heute standen einige *must see's* auf dem Programm. Wesentliche Teile armenischer Geschichte standen uns eindrucksvoll vor Augen.

Nach dem Frühstück in unserem überaus interessanten Hotel wurden wir von Tatev, unserer Reiseführerin, und Artosch, unserem Fahrer, abgeholt. Ich hatte mich nicht sonderlich gut auf die heutige Reise vorbereitet, so dass mir erst während der Fahrt klar wurde, dass wir sehr zentrale und wichtige Orte für das Land Armenien besuchen würden. Die erste Station war die Gedenkstätte Sardarapat. Sie erinnert an ein Kriegsgeschehen im Mai 1918, als türkische Soldaten in der Nähe des Dorfes Sardarapat nach vierzig Tagen unerbittlichen Kampfes von den Armeniern zurückgedrängt wurden.

Das Denkmal befindet sich nur wenige Kilometer von der türkischen Grenze entfernt. Parallel zu dieser Grenze sitzen als Teil des Denkmals fünf riesengroße Adler mit Blick in Richtung Armenien, die den unerschütterlichen Kampfgeist symbolisieren. Alleine die Tauben scheinen von diesem Machtsymbol wenig beeindruckt zu sein, wie weiße Spuren an den Adlerköpfen belegen.

In unmittelbarer Nähe der Gedenkstätte befindet sich ein historisches Museum, in welchem die Hintergründe der Errichtung des Denkmals im Jahr 1968 erläutert sind.

Gedenkstätte Sardarapat

Sehr bemerkenswert fand ich, dass ein ursprünglicher Entwurf des Denkmals Schwertform hatte. Schließlich wurde dennoch die Form des Glockenturms gewählt, da zu Beginn dieser entscheidenden Schlacht die Glocken der Kirchen im Umfeld des Geschehens geläutet worden waren.

Der Besuch des historischen Museums war ebenfalls überwältigend – und zwar in mehrfacher Hinsicht. So überwältigte uns die sehr gut Deutsch sprechende Mitarbeiterin des Museums mit profundem Wissen und einem unermüdlichen Redefluss. Wer wie ich sich nicht jedes einzelne Detail einer solch facettenreichen Führung merken kann und hin und wieder in eine nicht unhöfliche gemeinte Unaufmerksamkeit abdriftet, wird nachvollziehen können, dass die mangelnde Konzentration auch der begeistert erzählenden Dame nicht entging. Daraufhin versuchte sie die Führung zeitlich etwas zu kürzen. Allerdings nicht durch sinnvolles Auslassen mancher der von ihr offenkundig hoch geschätzten Details, sondern schlicht durch erhöhte Redegeschwindigkeit. Wir ergaben uns unserem Schicksal und begleiteten unsere Führerin brav durch den kulturellen Reichtum des Museums. Merken konnten wir uns, dass Armenien die Quelle einer enormen Vielfalt an kulturellen Errungenschaften sei. Das Keltern von Wein, die Bierbraukunst, die Goldschmiedekunst, das Weben von Teppichen und vieles mehr sei von Armeniern erfunden und in die Welt getragen worden. Das im Einzelnen zu prüfen überlasse ich dem Leser. Dazu bin ich zu wenig Historiker. Jedenfalls unterstrich die Dame, neben dem Vermitteln umfangreichen Wissens, eindrucksvoll den Nationalstolz dieses im Laufe der Geschichte immer wieder geknechteten Volks.

Unsere nächste Station war Etschmiadsin, das religiöse Zentrum der armenisch-apostolischen Kirche. Der Ort stellt gleichzeitig das moderne Zentrum und den Ursprung der Kirche dar. Er war schon sehr früh, das heißt seit etwa 1700 Jahren, geistliches Zentrum der armenischen Kirche und beherbergt sowohl Kirchen als auch eine theologische Ausbildungsstätte. An dieser Stelle sei erwähnt, dass, wenn ein Armenier eine kulturell bedeutsame Stätte als nicht sehr alt bezeichnet, die nähere Zeitangabe von circa eintausend Jahren dennoch nicht unüblich ist. Mit einem Schmunzeln erinnere ich mich in diesem Zusammenhang an eine Stadtführung in San Francisco, während der unser damaliger Guide mit einem gewissen Stolz auf deren hohes Alter Kirchen gezeigt hatte, die über einhundert Jahre alt waren. Es ist alles relativ.

Über die Kirchengründung in Etschmiadsin ist überliefert, dass Christus selbst, Gregor, dem Erleuchter, in einer Vision diese Stelle als Ort für den Kirchenbau gezeigt habe. 301 nach Christus wurde die Armenisch-apostolische Kirche von ihm gegründet und er war ihr erster Katholikos, also deren Oberhaupt.

In Etschmiadsin befinden sich etliche der für Armenien so charakteristischen Kreuzsteine, die Chatschkare. Es handelt sich dabei um kunstvoll behauene, meist rechteckige Steine mit einem Kreuzmotiv. Sie lassen sich im ganzen Land finden und ein jeder hat seine eigene Bedeutung und Motivik. In Etschmiadsin befinden sich einige Originale der Kreuzsteine. Der Höhepunkt der Schaffenszeit dieser symbolischen Kunstwerke lag im 12./13. Jahrhundert.

Kreuzstein oder Chatschkar

Unser Mittagessen nahmen wir in einer pädagogischen Einrichtung ein, in der Kinder und Jugendliche eine enorme Vielfalt an Kunst produziert und ausgestellt hatten. Das Essen war vorzüglich und typisch armenisch. Ich glaube, es ist auch typisch Deutsch, im Ausland großen Wert auf typisches Essen der jeweiligen Gegend zu legen. Mir geht es jedenfalls so. Es bestand aus einer köstlichen Vorspeisenvariation mit Salaten, Käse und getrockneter Wurst und Schinken, wobei sich diese Beschreibung im Vergleich zum tatsächlichen Geschmack zugegeben langweilig anhört. Als Hauptspeise wurden mit Hackfleisch gefüllte Weinblätter und Kohlrouladen gereicht. Danach gab

25

es einen feinen armenischen Kaffee.

Gut gestärkt fuhren wir mit den in Armenien üblichen gemütlichen achtzig Stundenkilometern zurück ins sonntägliche Yerevan und besprachen im Hotel mit Tatev und Samuel die nächsten Tage.

Abends machten uns Martin und ich noch auf den Weg zum Opernplatz, wo ein größeres Musikevent für die armenische Jugend vorbereitet wurde. Der aus naher Distanz fast unerträglich lauten Musik lauschten wir in hinreichender Entfernung und aller Gemütsruhe in einem behaglichen Café am Rande der Tumanyan und ließen so den Abend ausklingen.

Tag 4 – 13.08.2018

Der heutige Tag begann mit einem viel zu frühen Weckerklingeln. Das durften die Hotelangestellten wohl genauso gesehen haben, denn das Frühstück war noch nicht vollständig vorbereitet, als wir ankamen. Davon ließen wir uns jedoch nicht stören und genossen frische Tomaten, Gurken, Toastbrot und den armenischen Mokka. Danach konnten wir endlich unser Pannenhotel verlassen. Wie schon erwähnt, bin ich generell nicht besonders anspruchsvoll was meine Unterkunft anbelangt, aber in diesem Hotel passte fast gar nichts. Während ich das schreibe, habe ich schon unser nächstes Hotel in Yerevan und das für die heutige Nacht in Goris, im Südosten Armeniens, kennengelernt und möchte erneut betonen, dass es sehr nette Hotels in Armenien gibt. Nicht dass ein falscher Eindruck entsteht.

Tatev und Artosch erwarteten uns um acht Uhr dreißig und die Fahrt in Richtung Südosten begann. Unser erstes Ziel war das Kloster Khor Virap, dessen geschichtsträchtigster Gebäudeteil ein unterirdisches Verlies ist, in dem Gregor der Erleuchter der Überlieferung nach dreizehn Jahre gefangen gehalten wurde.

Laut Reiseführer handelt es sich bei diesem Kloster um das meist fotografierte, was sich sofort erschließt, wenn man ein Bild davon sieht. Der Ararat erhebt sich in nächster Nähe mit seinen beiden Gipfeln tausende von Metern über das Land und bietet eine einzigartige Kulisse.

Kloster Khor Virap mit Ararat

Aber zurück zu Gregor. Tatev erläuterte uns, dass der damalige König Trdat III. Gregor einsperren ließ, um ihn loszuwerden. Unter normalen Umständen sollte ein Mensch in diesem Verlies innerhalb kürzester Zeit sterben. Gregor wurde jedoch heimlich von einer Frau versorgt und konnte wie durch ein Wunder lange Zeit überleben. Der König war davon zutiefst bewegt und glaubte, dass nur Gott Gregor geholfen haben konnte. Außerdem hatte Gregor den König heilen können. Der König machte sodann Gregors Religion, das heißt den christlichen Glauben, zur Religion seines armenischen Volkes.

Über dem Verlies wurde rund dreihundert Jahre nach dieser Begebenheit eine Kapelle gebaut, die im siebzehnten Jahrhundert erneuert wurde. Von der Kapelle aus kann man durch ein Loch im Boden eine etwa sieben Meter nach unten führende Leiter hinabklettern und erreicht so das Verlies. Das haben wir dann auch tatsächlich getan. Auch andere Touristen waren hinabgeklettert und unten angekommen bekamen wir mit, wie ein in Frankreich lebender Armenier seinem etwa zehnjährigen Sohn mit Stolz und innerer Bewegtheit die Geschichte von Gregor und dem Ursprung der armenischen Kirche erläuterte. Der Mann – er sprach auch ganz gut Deutsch, da er zuvor lange Zeit in Deutschland war – leitete seine Kinder dazu an, sich vor dem Kreuzstein an der Wand des Verlieses zu bekreuzigen und diesen zu küssen. Es fasziniert mich, wie das Volk der Armenier seine Religion und seinen Glauben über diese lange Zeitstrecke pflegen konnte. Die Republik Armenien ist erst etwa einhundert Jahre alt und das Volk hat enorm schwierige Phasen und Ereignisse hinter sich bringen können. Dennoch hat es die armenisch-apostolische Kirche geschafft, sich bis auf den heutigen Tag zu erhalten.

Der heutige Tag führte nicht nur weit in die Geschichte Armeniens, sondern auch unweigerlich auf verschiedene politische Fragestellungen. Das Kloster Khor Virap befindet sich in unmittelbarer Nähe der türkischen Grenze, deren Bewachung auch heute noch von russischen Soldaten unterstützt wird. Auch der Iran und die westliche Enklave Aserbaidschans –

Nachitschevan – sind nicht weit. Während wir in Deutschland durch das Schengen Abkommen immer weniger *Grenzerlebnisse* haben, hat Armenien weiterhin einen großen Bedarf, seine Grenzen zu schützen und zu bewachen, beziehungsweise bewachen zu lassen. Offen sind die Grenzen nach Georgien und in den Iran, die Grenze zur Türkei ist dagegen auf den Handelsverkehr beschränkt. Die Grenze nach Aserbaidschan ist völlig dicht, jedoch können Armenier frei nach Berg-Karabach reisen, obwohl Berg-Karabach von Aserbaidschan umschlossen ist. Die Reise dorthin führt über eine etwa acht Kilometer lange Straße durch Aserbaidschan, die die Armenier jedoch nicht verlassen dürfen.

Berg-Karabach ist ein Begriff, der uns aus den Nachrichten in den Ohren klingelt. Auch wenn man in der Presse nur noch selten davon hört, ist der Konfliktstoff grundsätzlich weiterhin vorhanden. Bisher wurde kein Friedensvertrag zwischen den beiden Ländern geschlossen. Politisch gesehen gehört Berg-Karabach zu Aserbaidschan. Berg-Karabach hatte zwar seine Unabhängigkeit ausgerufen, wird jedoch nicht als souveräner Staat anerkannt. Und Armenien sieht Berg-Karabach als einen Teil Armeniens an, wie die armenischen Landkarten, die man vor Ort erhält, belegen. Aserbaidschan ist ebenfalls in zwei Teile geteilt, die keine Verbindung zueinander haben. Westlich des Südzipfels Armeniens, der Provinz Sjunikh, befindet sich ein Teil Aserbaidschans namens Nachitschevan, der keinen direkten Zugang vom restlichen Land aus hat. Wir fragten uns, wie dieser Teil Aserbaidschans wohl versorgt würde. Vermutlich durch die Türkei und über den Iran. Von Armenien jedenfalls nicht.

Nach Khor Virap fuhren wir in unserem Mercedes, der sogar über WLAN verfügte, weiter. Die Landschaft wurde immer bergiger und teilweise karg. Der trockene und heiße Sommer hatte der Natur zugesetzt. Dennoch gab es immer wieder grüne Inseln und Dörfer in Gebieten, in denen man keine vermutet hätte. Unsere nächste Station war ein Wasserfall, den wir über einen kurzen Fußweg erreichten und der eine prächtige Kulisse für Fotos bot. Tatev liebt Selfies und forderte uns immer wieder zu gemeinsamen Posen auf, die unsere Fotoapparate bereitwillig speicherten.

Danach genossen wir in einem an der Straße gelegenen Restaurant ein sehr leckeres Mittagessen, bestehend aus Lawasch, Salat und Käse als Vorspeise, sowie gebratenem Schweinefleisch und frittierten Kartoffeln, einer Mischung aus Pommes Frites und wilden Kartoffeln. Lawasch ist das armenische Fladenbrot, das innerhalb von dreißig Sekunden an der Wand von Öfen gebacken wird, die in den Boden eingelassen sind und von außen beheizt werden. Ein mir in dieser Art bisher unbekanntes Gericht bestand aus Tomaten und Ei. Tomaten sind zur Zubereitung dieser Vorspeise zu schälen, in Stücken mit Öl zu garen und schließlich mit geschlagenem Ei zu binden. Dann natürlich noch mit Salz und Gewürzen abschmecken. Etwas vereinfacht formuliert also Rührei mit Tomaten. Das war alles sehr fein und selbst dem für deutsche Geschmacksnerven zu dünnen Kaffee, der im

Anschluss gereicht wurde, gelang es nicht, den positiven Gesamteindruck des Essens zu schmälern.

Anschließend stand das Kloster Tatev auf dem Programm, welches als besondere Attraktion über eine Seilbahn erreichbar ist, die es aufgrund ihrer Länge ins Guinness Buch der Rekorde geschafft hat.

Die Fahrt mit der Seilbahn war sehr angenehm und ließ uns Blicke auf die umliegenden Berge und in eine tiefe Schlucht werfen, die unsere Lust auf Wandern noch vergrößerte. Die anfänglich sich aufdrängende Frage nach der Zuverlässigkeit der technischen Errungenschaften wurde durch Hinweise auf schweizerische und österreichische Konstruktionen rasch positiv beantwortet.

Das Kloster Tatev war sehr beeindruckend. Historie und Gegenwart der Kirche treffen sich dort. Das Erdbeben von 1931 hatte dem Kloster zugesetzt und es zu weiten Teilen zerstört. So stehen nach dem Wiederaufbau alte Gebäude, Ruinen und modernisierte Bereiche einmütig beieinander. Neu Gebautes wurde im alten Stil gehalten und fügt sich unauffällig in das Gesamtbild ein.

In der Kirche in Tatev konnten wir beobachten, wie einige Frauen mit einem Geistlichen sprachen. Unsere gleichnamige Reiseführerin erklärte uns, dass eine der Frauen sich taufen lassen wollte, was der Geistliche umgehend in Angriff nahm. Es sollte nicht die letzte Taufe sein, deren Zeugen wir wurden.

Schließlich brachte die Seilbahn uns zurück zu unserem Mercedes, wo Artosch uns erwartete. Ich war erst etwas überrascht, als er den Mercedes in Richtung der Schlucht lenkte, die mit dem Auto durchquert werden muss, um Tatev zu erreichen. Würden wir nun etwa mit dem Auto an Tatev vorbeifahren und hätten uns die Fahrt mit der Seilbahn sparen können? Das Ziel der Fahrt war jedoch die Schlucht selbst, die wir sodann zu Fuß erkundeten. Nachdem wir geparkt hatten und nach einigen Metern zu Fuß, ließ die überwältigende Schlucht einen Blick in deren Tiefe zu. Wie in Schluchten üblich, toste tief unten ein rauschender Gebirgsbach. Wir folgten dem Fußweg, der plötzlich zu enden schien. Erst auf den zweiten Blick zeigte sich ein Stahlseil, mit dessen Hilfe ein sehr steiles Stück Weg in die Tiefe hinab bewältigt werden konnte. Eine Stahlleiter leistete wertvolle Dienste für die letzten drei Meter und so gelang es uns (Martin sofort und mir nach einigem Zögern), in die Tiefe der Schlucht zu kommen. Es war ein gutes Gefühl, auf dem Niveau des zunächst bedrohlich wirkenden Wassers angekommen zu sein. Wir schauten uns um und verstanden nun auch, dass der grüne Metallverschlag, den wir zuvor passiert hatten, denjenigen als Umkleidekabine diente, die ein Bad in der von lauwarmem Quellwasser gespeisten Becken am Fuß der Schlucht nehmen wollten. Tatsächlich tummelten sich ein paar badefreudige Niederländer in dem Becken und hatten sichtlich Spaß. Wir entschieden uns gegen ein Bad und traten den Rückweg an. Über Metallleiter und Stahlseil gelangten wir wieder sicher nach oben. Zum Parkplatz zurückgekehrt setzten wir uns wieder in Artoschs mit Wifi ausgestatteten Mercedes. Lobend sei hier erwähnt, dass er seinen Wagen Abend für Abend von unseren Dreckspuren befreite, was nach dem Besuch der Schlucht und der kurzen Kletterepisode besonders nötig war.

Er brachte uns in seinem ruhigen und sicheren Fahrstil zu unserem Hotel in Goris, das uns sehr gut gefiel. Martins Zimmer war so groß wie eine Zweizimmerwohnung. Mein Zimmer war etwas kleiner, dafür hatte ich einen Balkon, den ich allerdings aufgrund der erstaunlich niedrigen Temperaturen nicht ein einziges Mal betrat. Aber manchmal ist alleine das Wissen, dass man etwas tun könnte, und sei es nur für zwei Minuten einen Balkon zu betreten, ein Genuss.

Wir trafen uns dann noch im Hotel-Restaurant und genossen unser Abendessen, bestehend aus Kebap, Lamm, Pommes und Salat. Es war wie immer sehr köstlich. Während des Abendessens amüsierte ich mich etwas über zwei Chinesen und zwei Deutsche (leicht erkennbar an ihrem Englisch mit einem kräftigen deutschen Akzent). Ich bekam einiges von den Gesprächen mit und sie kamen auf die typischen Themen, auf die man mit Ausländern so gerne kommt. Beispielhaft erwähnt seien das Oktoberfest in

München (das der Deutsche sehr brav als eine übertriebene Massenveranstaltung kritisierte) sowie die Bibel, die von ihm als *Fairy Tales* bezeichnet wurde. Weder er noch sonst jemand am Tisch, schien in der Lage zu sein, dies zu kommentieren. Offenbar kannten sie die Bibel alle nicht. Ich hätte ja gerne gefragt, welches der Märchen ihm am besten gefällt und mich über seinen Fantasiereichtum beim Finden einer ausweichenden Antwort gefreut.

Tag 5 – 14.08.2018

Der Tag begann regnerisch. Das hatte ich nicht erwartet, war aber dennoch dank Wärme- und Regenjacke darauf vorbereitet. Martin meinte, dass er nie ohne warme Jacke verreise. Ich war froh, wenigstens diesmal beim Packen ebenso umsichtig gewesen zu sein.

Chndzoresk war unser Ziel. Diesen Namen kann man als Deutscher nur dann einigermaßen aussprechen, wenn man das *n* sehr klangvoll und stimmhaft ausspricht oder schlicht *Chanzoresk* sagt. Von unserem Parkplatz aus konnte man sie in der Ferne schon sehen: die Löcher in der Felswand. Und da sollen Menschen gelebt haben? Artosch erzählte, Leute kennengelernt zu haben, die noch bis die Sechzigerjahre dort gelebt haben. Die Felshöhlen sind über eine längere Treppe und eine abenteuerliche, über die Schlucht führende Hängebrücke gut erreichbar. Mir fielen spontan ein paar Leute ein, die diese Brücke sicherlich nicht beschritten hätten, aber davon unbeeinflusst liefen wir tapfer hinüber und ich versuchte mir nicht anmerken zu lassen, dass ich über das seitliche Schwanken der Brücke anfangs doch etwas überrascht war. Sicher erreichten wir deren andere Seite und begannen, die Höhlen zu erkunden. Wie konnte man in einer solchen Behausung nur überleben?

Hängebrücke bei den Höhlen von Chndzoresk

Vielleicht stellten sich alle Besucher von Chndzoresk diese Frage und vielleicht wurde uns deshalb in einer Schauhöhle, die sich sinnvollerweise auf der dem Parkplatz zugewandten Seite der Hängebrücke befindet, zuerst die Wodkadestille gezeigt. Wobei mir einfiel, dass ich mir schon oft die Frage gestellt hatte, wie es die Menschheit früher mit dem Alkoholkonsum gehalten haben, als es noch keinen gesetzlichen Grund zur Einhaltung einer niedrigen Promillegrenze gab.

Wie aus alten Aufnahmen sowie einigen Mauerresten erkennbar, waren den Höhlen gemauerte Gebäudeteile vorangestellt. Die Höhlen wurden offenbar verschieden verwendet. Manche enthielten einen im Boden eingelassenen Lawasch-Ofen, andere wurden zur Tierhaltung genutzt. Das Dorf verfügte auch über eine Kirche, die jedoch nicht in einer Höhle lag, sondern freistand und in üblicher Weise gemauert war. Brennende Kerzen und herumliegende Gegenstände ließen darauf schließen, dass die Kirche nach wie vor als solche in Betrieb ist. Mir wurde allerdings nicht klar, wer außer Touristen sich in diese Gegend verirrte.

Vor dem Hintergrund unserer stabilen und gut heizbaren Häuser taucht immer wieder mal die Frage auf, wie Menschen hier und da und dort wohl überleben können oder konnten. An diesem Ort war uns das besonders schleierhaft. Die noch schwieriger zu beantwortende Frage ist, was die Menschen überhaupt dazu bewogen hat, Löcher in die Felsen zu hauen. Wir konnten uns zwar kein eigenes Bild davon machen, aber womöglich haben die Höhlen im sehr kalten armenischen Winter immer noch eine erträgliche Temperatur. Letztlich sind wir auch dieser Frage nicht weiter nachgegangen. Armenien birgt viele Geheimnisse. Diese Einsicht änderte sich auch nach einer zehntägigen Reise nicht.

Nach einer erneuten Überquerung der Schlucht kamen wir circa neunzig Minuten nach Beginn der kleinen Erkundungstour wieder bei unserer liebenswürdigen Tatev und unserem ruhigen Fahrer Artosch an.

Dieser fuhr uns nun durch das am Ostrand von Armenien gelegene Bergland nahe der Grenze zu Aserbaidschan. Die Gegend ist Teil des sogenannten kleinen Kaukasus und unsere Reiseroute führte uns auf eine Höhe von bis etwa zweitausenddreihundert Meter. Unser Ziel war die Stadt Jermuk. Auch in anderen Gegenden, beispielsweise in den USA, war ich ähnlich überrascht wie hier. Man fährt lange durch ein scheinbar ödes Gebiet, in dem man nahezu keine Spuren von Zivilisation erkennen kann. Dann tauchen doch immer wieder Felder, kleine Gebäude oder Dörfer auf, um dann, wie aus dem Nichts, in eine Stadt zu gelangen, in der es alles gibt, wie man so schön zu sagen pflegt. Bei näherer Betrachtung ist das auch nicht überraschend, denn heutzutage lassen sich die Distanzen mit LKWs leicht bewältigen, so dass Städte wie diese leicht zu versorgen sind. Dass ich von solchen Orten immer wieder überrascht werde, liegt vermutlich an meiner sehr deutsch geprägten Sozialisation, da man in Deutschland größere Mühe als an vielen anderen Orte der Erde hat, einen Platz zu finden, der *keine* Spuren menschlicher Zivilisation trägt.

Wir besuchten ein Restaurant in Jermuk und genossen erneut das delikate armenische Essen. Neu war für mich, wie aus Lawasch, Kräutern wie Dill, Petersilie und Lauchzwiebeln sowie Käse eine Art Wrap gemacht wird. Als Hauptspeise genossen wir Kartoffelbrei mit großen Fleischküchle (wie man im Südwesten Deutschlands zu sagen pflegt) bzw. Frikadellen aus Rinderhackfleisch. Zum Nachtisch gab es wie immer etwas Süßes und Kaffee.

Jermuk ist durch eine Schlucht zerteilt. Wir fuhren mit dem Auto einen steilen Hang hinab bis wir deren Sohle erreichten. Nach einem kleinen Fußmarsch gelangten wir an einen Wasserfall mit dem Spitznamen *Das Haar der Meerjungfrau*. Ein Selfieparadies, wie die vielen Besucher demonstrierten. Von Tatevs Eifer motiviert, reihten wir uns vergnügt in den Reigen einander knipsender Touristen ein. Dabei wollten wir uns doch eigentlich gar nicht wie normale Touristen fühlen.

Ein schön angelegter Fußweg führte uns durch gewaltige Felsformationen aus der Schlucht hinaus in die Stadt. Neben einem von englischem Rasen umgebenen Hyatt Hotel befinden sich dort sechs kleine Brunnen, aus denen Heilwasser mit verschiedenen Temperaturen zwischen 30 und 53 Grad Celsius fließt. Der Wassergeschmack überzeugte Martin und mich nicht so sehr und wir zogen es vor, Tatev und Artosch auf einen Kaffee einzuladen, den wir in einem auf dem See schwimmenden Café zu uns nahmen.

Schließlich traten wir den Rückweg an. Unsere letzte Station vor Yerevan war die Weinkellerei in Areni, in der eine Führung sowie eine Weinprobe vorgesehen war. Freundlich baten wir darum, die Führung kurz zu halten, was der etwas lustlos wirkenden jungen Dame, die unsere Führung zu leiten hatte, entgegenzukommen schien. Interessant war zu erfahren, dass der Rotwein teilweise im Eichenfass ausgebaut wird.

Bei der anschließenden Weinprobe bekamen Martin und ich je etwas Weißwein, Rosé und Rotwein serviert, jeweils etwa 20 Milliliter, wobei uns der Roséwein mit seiner Apfel- und Gewürznote am ehesten zusagte. Der teils im Eichenfass gelagerte Rote, es handelte sich um eine Mischung mit einem im Edelstahltank gelagerten, wies eine feinherbe Holznote auf.

Der Tag klang mit der Rückfahrt nach Yerevan und dem Bezug eines Doppelzimmers in dem sehr empfehlenswerten Hotel *Hin Yerevantsi* aus. Das Frühstück am nächsten Morgen belegte, wie sehr der Hoteldirektor dem Namen seines Hotels – auf Deutsch *Alt Yerevan* – Ehre zu machen versteht.

Tag 6 – 15.08.2018

Da wir heute erst auf zehn Uhr verabredet waren und ich mir bei jeder Mahlzeit die Frage stellte, ob ich denn die zu mir genommenen Kalorien auch sinnvoll verbrauchen würde, ging ich noch vor dem Frühstück eine Runde joggen. Als Laufstrecke hatte ich mir schlicht die Mashtots vorgenommen und starte gegen sieben Uhr dreißig. Schon nach den ersten Schritten fragte ich mich, ob die Menschen in Yerevan denn keinen Anlass sähen, morgens mit dem Auto unterwegs zu sein – die Straßen waren überraschend leer. Mitten in der Großstadt konnte ich so recht ungestört deren längste Straße entlanglaufen. Zunächst wandte ich mich nach Osten, in Richtung Matenadaran. Dort kehrte ich um, und lief zurück in Richtung Ararat.

Einige hundert Meter vor der Rückkehr ins Hotel wurde ich plötzlich sehr freundlich auf Deutsch angesprochen. Ich verlangsamte meinen Schritt und begann das Gespräch mit einem jungen, freundlich und fröhlich wirkenden Studenten namens Stepan, der im Rahmen seines Studiums auch Deutsch lernte. Er sprach langsam, aber deutlich und hatte Mühe, mich zu verstehen, wenn ich nicht Wort für Wort sprach. Ein typischer Sprachanfänger ohne sprachliche Praxis. Wir gingen gemeinsam ein Stück weit die Mashtots entlang und kurz vor unserer Verabschiedung fragte er mich – nicht überraschend – nach meinen Kontaktdaten. Kurz darauf waren wir per

Facebook miteinander verbunden und es dauerte nicht lange, bis die Frage nach einem weiteren Treffen kam, welches ich dann tatsächlich einrichten konnte.

Später wurde mir klar, weshalb die Straßen in der Früh um halb acht quasi menschenleer waren. Das Leben beginnt hier einfach später. Geschäfte auf der Haupteinkaufsstraße *Northern Avenue*, unter der sich eine unterirdische Mall befindet, öffnen teilweise erst um elf Uhr und das Leben in den Büros startet ebenfalls deutlich später als in Deutschland, wie Tatev uns erläuterte.

Den ursprünglichen Plan für den heutigen Tag hatten wir schon im Vorfeld nach Absprache mit Tatev und Samuel abgeändert. Die sogenannte *Vernissage*, ein Kunsthandwerksmarkt, reizte uns mehr als der Besuch einer Teppichfabrik. Die eifrige Museumsangestellte in Sardarapat hatte uns bereits gezeigt, wie mittels armenischer Doppelknoten ein Teppich geknüpft werden kann. Mit diesem Beleg für die armenische Teppichknüpfkunst und -tradition gaben wir uns zufrieden. Außerdem waren im Museum sehr viele ältere und neuere Teppiche ausgestellt, die wir bereits bewundert hatten.

Zuvor besuchten wir jedoch die am oberen Ende der Straße *Mashtots* gelegene Museums- und Gedenkstätte Matenadaran. Es ist das Museum der Bücher, die für die Armenier eine enorme Bedeutung haben. Sie verfügen über sehr alte, wundervoll illustrierte und inhaltsreiche Handschriften von unschätzbarem Wert. Mineralische Farbstoffe und das Karminrot der Schildlaus verleihen manchen, etliche hundert Jahre alten Illustrationen eine beeindruckende Farbintensität.

Die armenischen Schriftzeichen wurden im Jahr 405 oder 406 von dem heiliggesprochenen Mesrop Mashtots eingeführt.

Mesrops Mashtots mit den armenischen Schriftzeichen

Diese sind bis heute unverändert geblieben, wenngleich sich die Sprache vom Alt- über Mittel- bis zum heutigen Neuarmenisch weiterentwickelt hat. Der heutige Armenier kann zwar die Zeichen der uralten Schriften lesen, aber nicht ohne weiteres verstehen. Mittels der schon im 5. Jahrhundert nach Christus eingeführten Schrift wurde schon zu dieser Zeit die Bibel aus der syrischen Sprache auf Armenisch übersetzt. So hatte die 301 nach Christus gegründete armenisch-apostolische Kirche fast von Beginn an die Bibel in der Landessprache zur Verfügung. Deutschland musste bekanntlich etwas länger auf eine Übersetzung warten.

Die ältesten Handschriften auf Pergament sind aus dem 9. Jahrhundert und auf Papier aus dem 10. Jahrhundert nach Christus. Als Armenientourist muss man ein bisschen aufpassen, dass man sich an diese frühen Jahreszahlen nicht zu schnell gewöhnt. Hier ist einfach alles alt – oder zumindest fast alles. Wenn ich lange genug hier wäre, würde ich auch noch glauben, dass das Automobil in Armenien schon im 17. Jahrhundert bekannt war.

Interessant waren auch ein Gesetzeskommentar aus dem 13. Jahrhundert sowie sehr frühe, auch etwa aus dieser Zeit stammende, medizinische und botanische Bücher. Die armenischen Mediziner hatten das Glück, schon deutlich früher als die europäischen auf anatomische Erkenntnisse durch Autopsien zurückgreifen zu können und konnten daraus wertvolle Erkenntnisse ziehen.

Prachtvoll präsentierte sich auch ein kunstvoll gestalteter Buchdeckel aus Elfenbein.

Den im Matenadaran aufbewahrten Büchern und Schriften ist sicherlich nicht zuletzt dadurch ein sehr hoher Wert beizumessen, dass von etwa 10.000 bekannten Schriften im Rahmen des Genozids die meisten zerstört wurden. Heute sind nur noch etwa 1.200 Handschriften vorhanden. Ein weiterer Schmerzpunkt für das armenische Volk.

Als Fazit will ich mich festlegen: Die Besichtigung des Matenadaran ist ein Muss. Mit dieser Einschätzung befinde ich mich in guter Gesellschaft, denn auch mein Reiseführer erwähnt diese großartige Stätte alter Kultur als erste herausragende Sehenswürdigkeit in Yerevan.

Nach ein paar obligatorischen Fotos von und mit Mashtots katapultieren uns Tatev und Artosch zurück in die Neuzeit und führten uns zur Vernissage – einem dauerhaft stattfindenden Markt für Kunsthandwerk. Tatev hatte mir erzählt, dass ich dort das Duduk würde sehen und hören können, worauf ich sehr gespannt war, brachten mich doch die Duduk-Musik und die Aufnahmen der armenischen Berglandschaften auf den Gedanken, dieses Land zu besuchen. Nachdem ich an etlichen Ständen mit CDs, Schildmützen, Halstücher, Keramik, Gemälden und vielem mehr vorüber gegangen war, hörte ich das Duduk erklingen. Ich folgte dem melancholischen Klang und sah mich einem jungen Mann gegenüber, der das Instrument offenbar sehr gut beherrschte. Zwischen uns befand sich ein Tisch mit geschätzt einhundert Duduks. Er spielte und ich lauschte. Dann hatte ich einige Fragen nach der Stimmung der Instrumente und der verfügbaren Töne. Geduldig erklärte und demonstrierte er sowohl eine Dur- als auch eine chromatische Tonleiter und deutete auf Duduks mit verschiedenen Grundtönen. Auch teurere und sehr tief klingende Instrumente mit langem Rohr – teurer sicherlich auch, weil entsprechende Hölzer rar sein dürften – und hoch klingende Sopranduduks führte er mir vor. Ich war fasziniert von der Vielfalt. Da ich nicht vorhatte ein Instrument zu erwerben, wollte ich mich durch ein kleines Geschenk in Höhe von 1.000 Dram, das sind knapp zwei Euro, erkenntlich zeigen. Zu meiner Überraschung lehnte er das strikt ab. Stattdessen, und damit wurde meine Überraschung noch um ein Vielfaches größer, nahm er ein kleines Duduk und schenkte es mir. Ich war verdutzt und gleichzeitig hocherfreut. Ich bedankte mich herzlich und bemühte mich, dies durch Verwendung des unglaublich komplizierten Wortes *Schnorhagalutjun*, auch auf Armenisch zu tun. Das bedeutet schlicht *Danke*. In armenischer Schrift sieht das ungefähr so aus: շնորհակալություն. Da lobe ich mir unser im Vergleich kurzes und kompaktes Wort *Danke*. So bin ich stolzer Besitzer eines Duduks geworden. Nebenbei hatte ich gelernt, dass sich armenische Menschen sehr schwer damit tun, Geldgeschenke anzunehmen.

Nachdem ich noch ein paar schöne Mitbringsel gekauft hatte, trafen wir uns mit unserer reizenden Tatev, die wir aufgrund ihrer mütterlichen Art vor ein paar Tagen gefragt hatten, ob wir sie auch *Mama* (was sie fröhlich bejahte) nennen durften, und fuhren zu einem Restaurant. Heute standen uns mittlerweile schon überwiegend bekannte Vorspeisen auf dem Programm sowie mit Hackfleisch gefüllte Auberginen als Hauptgericht. Das Essen war wie immer sehr wohlschmeckend. Besonders lecker fand ich eine Vorspeise die nach meiner Einschätzung aus Auberginen, Walnüssen und gebratenen Hähnchenstreifen bestand und mit Crème Fraîche und Kräutern angemacht war.

Tag 7 – 16.08.2018

Heute stand der Besuch der im Norden Armeniens gelegenen Stadt Gyumri auf dem Programm. Auch heute noch ist diese Stadt von dem schrecklichen Erdbeben am 12.12.1988 gezeichnet. Zerstörte Häuser und Schulen, die noch nicht wiederaufgebaut wurden, sind in der Stadt nach wie vor zu sehen.

Einige weitere Informationen finden sich in nachfolgendem Text, der den Anfang eines Spiegel-Artikels aus der damaligen Zeit enthält. Vorausgeschickt sei, dass die heutige Stadt Gyumri mehrfach ihren Namen geändert hatte. Während der Sowjetzeit hieß sie – in nicht zufälliger Anlehnung an einen bekannten Politiker – Leninakan. Davor hieß sie Alexandropol, was sie einem Zaren zu verdanken hatte.

„Im Schmerz sind wir vereint"
Das verheerende Erdbeben im türkisch-sowjetischen Grenzgebiet forderte bis zu 100 000 Todesopfer, darunter viele armenische Flüchtlinge aus dem benachbarten Aserbaidschan. Die Solidarität mit den Armeniern überdeckte den Streit der Völker im Kaukasus. Gorbatschow wollte sich persönlich um schnelle Hilfe kümmern.
Um 11.41 Uhr blieb die Turmuhr von Leninakan stehen. Die Zeiger auf dem massigen Bau der armenischen Stadt hielten den Beginn einer Katastrophe von fast apokalyptischem Ausmaß fest. Sie verwüstete die Randrepublik an der Südgrenze der Sowjet-Union, forderte nach letzten Schätzungen bis zu 100 000 Todesopfer und machte 2,5 Millionen Menschen obdachlos.
Im dichtbesiedelten Nordosten der 3,5 Millionen Einwohner zählenden Armenischen Republik zerstörte das Beben

Wohnhäuser und Fabriken, unterbrach Brücken-, Eisenbahn- und Straßenverbindungen, zerriß Gas- und Wasserleitungen.
Die Nachricht von dem verheerenden Naturereignis überraschte Präsident Michail Gorbatschow bei seiner glanzvoll begonnenen Visite in den USA. Zunächst wollte keiner der Verantwortlichen in Moskau glauben, daß es sich um das schlimmste Erdbeben seit Bestehen der Sowjet-Union handelte.
Als sich dann aber bestätigte, daß in Armenien Zehntausende von Menschen umgekommen waren, strich der sowjetische Staatschef den Weihnachtsbummel in New York, den geplanten Besuch beim Schützling Fidel Castro in Havanna und ein Mittagessen bei Elizabeth II. von England. "Eilmaßnahmen werden unternommen, um allen zu helfen, die von dieser fürchterlichen Tragödie betroffen sind", so verabschiedete sich Gorbatschow in New York, "und ich muß bei diesen Anstrengungen dabei sein."

Gefunden auf der Seite:
http://www.spiegel.de/spiegel/print/d-13531346.html

Tatevs Familie war sehr direkt und schmerzhaft von diesem Erdbeben betroffen: Ihre Schwester, die sie nie kennengelernt hatte, starb unter den Trümmern ihrer Schule. Tatev wurde erst nach dem Erdbeben in Gyumri geboren und lebte ein paar Jahre mit ihrer Familie dort, ehe sie 1994 nach Deutschland ausreisten,

Mutter Gottes Kirche oder Kirche der 7 Wunden in Gyumri

um dort fünf Jahre zu leben. 1999 lief die Aufenthaltserlaubnis der Familie ab und sie kehrte zurück nach Armenien – allerdings nach Yerevan. Eine Rückkehr nach Gyumri wäre schwierig und vor allem zu schmerzhaft gewesen. Noch heute befindet sich das zerstörte Haus der Familie in Gyumri, die die Jahre nach dem Erdbeben bis zur Ausreise nach Deutschland in einer anderen Wohnung in der Stadt gelebt hatte. Für Tatev war der Besuch ihrer Heimatstadt schmerzlich, wie wir an ihren Tränen erkennen konnten.

Dennoch hatte sie freundlicherweise ihren Besuch bei ihrer Tante angekündigt, die auch Martin und mich herzlich willkommen hießen. Darüber waren wir hoch erfreut und gingen mit Tatev die Straße zu ihrer Tante entlang. Die Straße weist nach wie vor sehr viele Spuren des Erdbebens auf. Eine zerstörte Schule, nackte Fassaden und provisorisch mit Wellblech reparierte Dächer waren zu sehen. In derselben Straße war aber auch das gleichsam fürstliche Haus eines reichen Menschen zu sehen. Die Stadt bietet extreme Gegensätze auf engstem Raum, wie das nach meiner Erfahrung besonders in eher armen Ländern häufig der Fall ist.

Der anschließende Besuch der Muttergotteskirche war für mich sehr eindrücklich. Auch wenn ein kritisch-nüchterner Betrachter sagen mag, eine Kirche sei doch nur ein Gebäude, sind sie für mein Empfinden dennoch mehr. Häuser Gottes eben. Ich war innerlich bewegt, was sicherlich auch durch die in der Kirche erklingende Orgelmusik unterstützt wurde. Zu meiner eigenen Überraschung wurde die innere Bewegung nicht dadurch geschmälert, dass die Orgel dringend einer Stimmung und Überarbeitung bedurfte. Unbeeindruckt von instrumental bedingten Missklängen, ließ ich die Kirche mit ihrem prächtigen Altar und intensiven blauen Farben auf mich wirken und gab mich meinen Gedanken hin.

Auch wenn wir keine weiteren Gedenkstätten und Museen in Gyumri besuchten, machte die Stadt mit ihrem Schicksal dennoch starken Eindruck auf uns. Oder vielleicht gerade deshalb. Als krönenden Abschluss der Tour in die Stadt in Grenznähe der

Türkei und Georgiens gaben wir uns profanen Bedürfnissen und Gelüsten hin: Mittagessen stand auf dem Programm. Dagegen hatten wir nichts einzuwenden und staunten nicht schlecht, als wir uns in einem von Kunsthandwerkern geschaffenen Gebäude wiederfanden. Rustikales Mauerwerk, geschmackvoll gestaltete Holzarbeiten und kunstreich geschmiedete Metallteile schlossen sich zu einem einladenden und nobel aussehenden Restaurant zusammen. Wir wurden eine Treppe hoch gebeten, wo uns das Essen in einem Raum mit nur einem Tisch für acht Personen serviert wurde. Die uns teilweise schon gut bekannten Speisen wurden ergänzt durch sehr feine Salate und das hervorragende Hauptgericht bestehend aus überbackenen Kartoffelkroketten mit Hackfleisch. Wir waren nicht nur begeistert, sondern nach dem Verzehr der Speisen auch überaus satt. So wird man doch immer wieder durch die Befriedigung elementarer Bedürfnisse von tiefer und echter Betroffenheit abgelenkt. So manches liegt eben sehr dicht beieinander.

Erwähnenswert ist sicherlich noch eine Erläuterung unserer geschätzten Reiseführerin zum Berg Aragats, der über viertausend Meter hoch ist. Es handele sich dabei um den zweithöchsten Berg Armeniens, meinte sie. Nach kurzem Innehalten wird jedem bewusst, welcher dann wohl der höchste Berg Armeniens sein muss: der Ararat. Der Ararat befindet sich (*zurzeit*, wie die Armenier zu sagen pflegen) in der

Türkei. Diese Sicht ist für einen Touristen, der den in Landkarten eingetragenen Grenzen Glauben schenkt, eher überraschend. Ein freundlicher und gut Deutsch sprechender Armenier lieferte uns aber einen sehr plausiblen Grund für diesen Standpunkt: Der Ararat kann von sehr viel mehr Armeniern gesehen werden als von Menschen, die auf türkischem Gebiet leben. Ganz einfach.

Nach der Rückfahrt von etwa zwei Stunden kamen wir wieder in unserem geschmackvollen und familiär-persönlichen Hotel an. Nach einer Verschnaufpause machten Martin und ich uns auf den Weg zu einem längeren Spaziergang in Yerevan.

Zunächst führte uns der Weg vom Opernplatz aus über die sogenannten Kaskaden hinauf zum Anfang der neunziger Jahre errichteten Denkmal der Unabhängigkeit Armeniens von der Sowjetunion. Bei den Kaskaden handelt es sich um breit und aufwändig angelegte Treppen mit architektonisch geschmackvoll gestalteten Zwischenebenen. Oben angekommen genossen wir einen weiten Blick über die Stadt Yerevan vor der beeindruckenden Kulisse des Ararat – dem Berg, den Armenien in seinem Wappen trägt.

Ich kann die Armenier an dieser Stelle sehr gut verstehen, war doch der Ararat einerseits einst auf armenischem Boden und sieht er andererseits doch unglaublich stark, erhaben und majestätisch aus. Mit seiner Höhe von über fünftausend Meter lässt er sich auch nicht leicht erklimmen und ist alleine deshalb schon ehrfurchtsgebietend. Tatev erläuterte, dass wir uns glücklich schätzen konnten, einen so klaren und nicht durch Wolken verschleierten Blick auf den Ararat erhalten zu haben. So mancher Armenien-Tourist sieht ihn kein einziges Mal in voller Schönheit.

Der weitere Spaziergang führte uns durch den *Siegespark* bis zur gigantischen Sowjet-Statue *Mutter Armenien*. Beim Siegespark handelt es sich um einen dauerhaft angelegten Kindervergnügungspark mit Schießbuden und Autoscooter. Über die Mutter Armenien schreibt der Reiseführer, es handele sich um eine typische Monumental-Statue der Sowjetzeit. Kampfbereit hält die Mutter ein überdimensionales Schwert in ihrer Hand und sieht sich umgeben von militärischem Gerät, wie Flaks und Panzer. Als *martialisch* konnte ich diese Gedenkstätte nur bezeichnen. Alleine der Hinweis, die Mutter Armenien sollte an den Sieg über die deutsche Wehrmacht im zweiten Weltkrieg erinnern, stimmte mich etwas um und brachte mir die Gestaltung des Monuments näher. Es ist erstaunlich, aber doch auch gerechtfertigt, welch starke Wirkung die Geschichte einer Nation, und in meinem Fall der deutschen Nation, auf das Empfinden solcher Stätten entfaltet.

Schließlich ließen wir den Abend in der Jetztzeit ausklingen. Bei armenischem Bier unterhielten Martin und ich uns über unsere Söhne und unsere beruflichen Herausforderungen. Schließlich liegen uns die Ereignisse von 1945 doch nicht nahe genug, um unser gesamtes Leben zu beeinflussen.

Tag 8 – 17.08.2018

Als ich die Reise gebucht hatte, wurde schnell klar, dass suntours ein dichtes Programm plante. Ich schlug vor diesem Hintergrund einen freien Tag vor, an dem wir auf eigene Faust Yerevan und Umgebung erkunden wollten. Natürlich wusste auch Samuel von unserem freien Tag und nutzte die Gelegenheit, uns zu sich nach Hause einzuladen. So war auch der freie Tag durch ein Programm und Termine geprägt. Aber es hatte sich gelohnt. Zum Schaschlik waren wir eingeladen, wie es in Armenien heißt. Während ich das schreibe, weiß ich, was unter armenischem Schaschlik zu verstehen ist und erinnere mich mit einem Schmunzeln daran, wie ich Tatev erklärte, dass wir in Deutschland auch Schaschlik kennen. Ein Irrtum, wie ich bei Samuel gelernt habe. Ich beschrieb ihr dabei die kleinen Holzspießchen, die mit Gemüse und Fleischwürfeln bestückt werden.

Artosch hatte sich auf 12.15 Uhr angekündigt, was uns immerhin die Gelegenheit zur individuellen Gestaltung des Vormittags gab. Während Martin sich für das Schreiben einer Geschichte entschieden hatte, traf ich mich wieder mit Stepan, dem jungen armenischen Studenten, auf der Mashtots, um ihm eine weitere Gelegenheit zu geben, sein Deutsch zu praktizieren. Unser Treffen verband ich mit einem für mich nützlichen Vorhaben und bat ihn, mir beim Kauf von Schuhen zu helfen. Ein kurzer Blick auf die

Schuhpreise in einem Geschäft auf der *Northern Avenue* machte schnell klar, dass wir nach einem Geschäft Ausschau halten sollten, welches typischerweise nicht von Touristen besucht wird. Ich war einfach nicht bereit, achtzig Euro für ein Paar schwarzer Freizeitschuhe auszugeben. Und das in einem Land, in dem viele Menschen einen Monat arbeiten müssen, um so viel Geld zu verdienen (während gleichzeitig die Dichte an AMG-getunten PKWs spürbar höher zu sein scheint als in Deutschland). So zogen Stepan und ich weiter, unterhielten uns munter und seinen Kenntnissen angemessen entsprechend langsam. Schließlich erreichten wir ein Kaufhaus, in dem überwiegend türkische Ware angeboten wird. Hier konnte ich schicke und bequeme Schuhe für achtzehn Euro finden und kaufte schnell entschlossen das erste und einzige Paar, das ich anprobiert hatte.

Gegen zwölf Uhr erreichten Stepan und ich wieder unser Hotel, wo wir kurz darauf von Artosch abgeholt wurden, um zu Samuel zu fahren. Nach einer Erfrischung in dessen Swimming Pool wurde das Geheimnis um das armenische Schaschlik gelüftet. Was Samuel Schaschlik nannte, war nach unseren Begriffen eher das Grillen einer großen Menge aufgespießten Fleisches. Die Spieße dafür waren etwa einen Meter lang und nicht etwa mit unseren dünnen Holzstäbchen zu vergleichen. Kottelets, Hähnchenflügel, Kartoffeln und Gemüse wurden auf einem kräftigen

Grillfeuer zubereitet.

Armenisches Schaschlik

Ein hervorragendes und sehr reichliches Essen wurde uns serviert, bei dem es auch an Getränken nicht mangelte. Wir wurden großzügig bewirtet und staunten über Samuels großes und teuer eingerichtetes Haus.

Nach der Rückkehr ins Hotel und einer Ruhepause machten Martin und ich uns erneut auf den Weg zum Platz der Republik. An diesem Tag sollte der 100. Tag des neuen Premierministers Pashinyan gefeiert werden. Tausende von Menschen zogen mit der armenischen Flagge in rot-blau-apricot zu dem Platz, auf dem wir uns in die Menge mischten. Nachdem einige Zeit Musik erklungen war, sprach Pashinyan und die Menschenmenge applaudierte immer wieder. Leider verstanden wir kein Wort, konnten aber aus vielen Gesprächen und Berichten mit Armeniern, besonders mit Tatev, entnehmen, dass die Menschen zufrieden mit Pashinyan waren und diesem bereits die eine oder andere Reform gelungen sei. So konnte er beispielsweise innerhalb seiner ersten einhundert Tage die Korruption spürbar verringern. Wird man mit Alkohol am Steuer erwischt, kommt es nun zu einer Strafe, während man sich unter der früheren Regierung mit einer geeigneten Flasche oder ein paar Geldscheinen freikaufen konnte. Eines von Pashinyans Kernzielen ist die Schaffung einer echten und wirkungsvollen Demokratie in Armenien.

In der Menge stehend wurden wir von einem Armenier angesprochen, der sich als Levon vorstellte. Er sprach hervorragend Deutsch und erzählte uns, er habe in Aachen in Betriebs- und Volkswirtschaft promoviert. Er lebt heute wieder in Armenien und versucht mit innovativen Ideen Geschäfte zu machen. Beispielsweise zeigte er uns Fotos einer mobilen Sauna in einem bauwagenähnlichen Gefährt sowie einer Sandliege mit Heizung.

Nach dieser interessanten Begegnung machten wir uns auf den Rückweg zum Hotel und ließen den Abend ausklingen.

Tag 9 – 18.08.2018

Heute standen wieder einige touristische Attraktionen auf dem Programm. Zunächst fuhren wir zum Kloster Geghard, das sich in einer Schlucht am Oberlauf des Azat befindet und bei dessen Erbauung teilweise Felshöhlen als Räume genutzt wurden. Erneut wurden wir Zeugen einer Taufe in der Klosterkirche.

Kirche im Kloster Geghard

In der Gegend des Klosters gab es 1679 ein heftiges Erdbeben, welches das Kloster selbst und auch den Tempel Garni, den wir anschließend besuchten, stark zerstörte. Erst im 20. Jahrhundert wurde das Kloster Geghard wieder restauriert. So ist auch dieses Bauwerk, ähnlich wie Kloster Tatev, eine Mischung aus sehr alten Räumen und Gebäudeteilen und restaurierten Bereichen.

Besonders eindrucksvoll war der vierstimmige Gesang eines kleinen armenischen Ensembles bestehend aus Sopran, Alt, Tenor und Bass. Der Gesang in der Felshöhle war ergreifend emotional und wurde durch die feine Akustik des Raumes klanglich bestens unterstützt.

Die nächste Station war der Tempel von Garni, welcher mit seiner eher griechisch-römisch anmutenden und von Säulen geprägten Gestalt einen starken Kontrast zu den armenischen Klöstern aus der Zeit nach der Christianisierung des Landes darstellt. Durch Ausgrabung waren dort verschiedenste Gebäude wie eine Schule und altes Bad entdeckt und für den Tourismus aufbereitet worden. Das Bad enthält ein relativ gut erhaltenes Bodenmosaik mit griechischer Inschrift. Geghard und Garni sind ein Muss für touristische Armenienreisen.

Nach der Besichtigung von Garni besuchten wir im nahegelegenen Dorf ein Restaurant. Dort war eine Frau eifrig dabei, das traditionelle Lawasch zu backen. Eine Teigkugel wird dazu sehr dünn ausgewellt und durch geschickte Handbewegungen, wie wir sie von Pizzabäckern kennen, in ein großes Oval geformt. Der äußerst dünne Teigfladen wird sodann auf ein großes und sehr festes Kissen gelegt. Mit einer geschickten Handbewegung klebte die Frau den Teigfladen mit Hilfe des Kissens an die Ofenwand. Den Ofen stellt man sich am bestens als rundes Loch im Boden vor, dessen Wände von außen beheizt werden. Nach etwa dreißig Sekunden ist das Lawasch fertig gebacken und wird von der Ofenwand entfernt.

Unser Mittagessen nahmen wir auf einer herrlichen Terrasse mit Blick auf den Garni-Tempel und die Azat-Schlucht ein. Zur Vorspeise wurden verschieden Salate gereicht. Das Hauptgericht bestand aus gegrillten Geflügelteilen. Dazu gab es wie immer Kräuter und Lawasch. Es hat wie immer köstlich gemundet.

Die nächste Station war die Vernissage, die wir zuvor schon besucht hatten. Martin und ich wollten noch einige Mitbringsel besorgen. Mittlerweile wussten wir schon recht gut darüber Bescheid, welche Rabatte durch Verhandeln möglich waren, und fühlten uns dadurch auf den Einkauf bestens vorbereitet. Beim Bummeln durch die endlosen Marktstände mit teilweise sehr ansprechendem Kunsthandwerk, fielen mir sehr filigran gearbeitete Drahtgeflechte in Sternform auf. Nach einigem Hin und Her war ich entschlossen, davon drei Stück zu kaufen, wollte jedoch einen optimalen Preis aushandeln. Nicht zuletzt durch Einkäufe auf afrikanischen Märkten hatte ich mir ein gewisses Verhandlungsgeschick angeeignet. Die Verhandlungsspannen sind in Armenien bei weitem nicht so hoch, wie das auf anderen Märkten der Welt der Fall sein mag, aber es ist durchaus ein deutlicher Abschlag erreichbar. Zugegeben fasse ich die Verhandlungen ein ganzes Stück weit als sportliche Übung auf, um möglichst faire Preise zu ermitteln. Ob ich nun tausend Dram (das sind knapp zwei Euro) mehr oder weniger zahle, ist wahrlich nicht entscheidend. Schließlich hatte ich mein Ziel erreicht und der Händler war bereit, mir die Drahtsterne für 18.000 Dram zu verkaufen. Als ich die Sterne und das Wechselgeld von 2.000 Dram in der Hand hatte, fragte ich ihn, ob er Kinder habe. Die Frage nach Enkeln war schwieriger, aber schließlich meinte ich verstanden zu haben, dass sein Sohn zwei Töchter habe. Ich reichte ihm daraufhin die 2.000 Dram zurück und bat ihn, dies seinen Enkelinnen zu geben. Diese kleine Geste verwandelte sein Gesicht von der üblichen Händlermiene plötzlich in ein strahlendes Lächeln. Er freute sich sehr über das Geschenk und schenkte mir – zu meiner großen Überraschung und Freude – eine kleine Drahtarbeit dazu. Am Ende hatte ich nun einen für mich akzeptablen Preis bekommen und gleichzeitig eine Gelegenheit, dem Händler eine kleine Freude zu machen. So konnte ich Armenien in der guten Erinnerung verlassen, zweimal auf der Vernissage etwas geschenkt bekommen zu haben.

Weniger erfreulich war der Besuch des nächsten Museums, da der Grund für dessen Existenz wahrlich grausam ist: das Genozid-Museum. Es ist noch relativ neu und enthält eine ausführliche Dokumentation der

Genozid-Denkmal in Yerevan

damaligen Geschehnisse. Neben den Ausstellungsräumen gibt es eine Gedenkstätte bestehend aus einer

Memorial Sanctuary am Genozid-Museum, Yerevan

nadelartig in die Höhe gezogenen Pyramide sowie einem rund angelegten Bauwerk, bestehend aus zwölf nach innen geneigten Basaltstelen, von den Armeniern in Englischer Sprache *Memorial Sanctuary* genannt. Die Pyramide besteht aus zwei Teilen, durch die die Zerstreuung der Armenier zum Ausdruck gebracht werden soll. Da sich die beiden Teile zu einem Ganzen, eben der pyramidalen Säule, zusammensetzen, drückt die weithin sichtbare Pyramide gleichzeitig die Einheit des Volkes aus.

In der Mitte des *Memorial Sanctuary* brennt ein ewiges Feuer zum Gedenken an die Opfer des

Genozids und durch die Neigung der Stelen nach innen, erhält der Innenraum eine Akustik, die es erlaubt, sich trotz großer Entfernung leise redend zu unterhalten. Am besten gelingt dies, wenn man, einander den Rücken kehrend, in Richtung zweier gegenüberliegenden Stelen spricht. Die Anzahl Zwölf steht hierbei für die Gesamtheit der armenischen Nation – in Anlehnung an die biblisch-symbolische Bedeutung der Zwölf. Der akustische Effekt drückt ihre Geschlossenheit und Verbundenheit aus.

Wie bei Reisen nicht unüblich, bot die nächste Station einen drastischen Kontrast zu dem bedrückend wirkenden Genozid-Museum: Artosch fuhr uns zur Ararat-Cognacfabrik. Dort konnten wir uns einer Führung in deutscher Sprache anschließen. Die charmante junge Dame erklärte in hervorragendem Deutsch, dass sämtlicher Wein zur Cognacerzeugung bei Ararat aus Armenien selbst stamme. Sie erläuterte, wie der Cognac hergestellt und gelagert wird und führte uns durch die sehr ansprechenden Schauräume des Unternehmens. Der weitaus größte Teil des Weinbrands wird nach wie vor nach Russland exportiert. Der zweitgrößte Anteil des Weinbrands verdunstet durch die Eichenfässer und aromatisiert die armenische Luft. Im Anschluss an die Führung bekam jeder ein Glas 3-jährigen und ein Glas 10-jährigen Cognac, welchen wir in Farbe, Aroma und Geschmack sehr ansprechend fanden. Eine kurze Suchaktion in einem

Internet-Einkaufsportal überzeugte mich davon, dass der Kauf von Ararat-Cognac direkt beim Hersteller einen enormen Preisvorteil ergab, welchen ich mir nicht entgehen lassen wollte. Da Ararat mittlerweile einem französischen Unternehmen gehört und *Cognac* ein geschützter Begriff für den aus der französischen Stadt Cognac stammenden Weinbrand ist, verwendete unsere Führerin übrigens den Begriff *Brandy*.

Während unserer Tage in Armenien war Tatevs Vater siebzig Jahre alt geworden. Zu unserer Freude waren wir von ihren Eltern zu einem gemeinsamen Essen eingeladen worden, welches an diesem Abend stattfand. Wir trafen Tatev vor der Oper auf der Seite des Denkmals von Chatschaturyan und gingen mit ihr die Mashtots entlang. Wir trafen ihre Eltern in einem Lokal einer Restaurant-Kette, die uns schon für ihre gute armenische Pizza bekannt war. Es war eine sehr herzliche Begegnung, deren sprachliche Herausforderung Tatev durch eifrige Übersetzungsdienste meisterte. Offenbar hatte Tatev uns wirklich ins Herz geschlossen – denn anders konnten wir uns den Hintergrund für die warmherzige Zusammenkunft nicht erklären – und ihren Eltern mit Begeisterung von *Herrn Martin* und *Herrn Peter* erzählt. So nannte sie uns unbeirrt und blieb beharrlich beim Sie, obwohl wir sie längst duzten. Wir unterhielten uns unter anderem über die Zeit ihrer Eltern in Deutschland, die sie offenbar genossen hatten. Trotz seiner siebzig Jahre muss Tatevs Vater auch heute noch arbeiten, um seine Familie einigermaßen versorgen zu können. Die Altersrente in Armenien ist extrem gering, so dass sie zum Leben nicht ausreicht. Wie wir von Tatev erfuhren, reicht in Armenien nicht einmal die Berufstätigkeit als Lehrer aus, um sich einen einigermaßen zufriedenstellenden Lebensstandard leisten zu können. Ganze 50.000 Dram verdient ein Lehrer im Monat, das sind zurzeit etwa 90 Euro. Ich kann mir nicht vorstellen, wie man davon leben kann, zumal – wie man das in anderen Ländern auch beobachten kann – Importware genauso teuer ist wie in Deutschland. Um sich das eine oder andere gönnen zu können, sind folglich weitere Einnahmen durch zusätzliche Jobs oder Unterstützung von Verwandten im Ausland nötig.

Tag 10 – 19.08.2018

Am heutigen Tag sollte eine Wanderung auf dem Programm stehen. Nach Wandermöglichkeiten hatte ich schon bei der Vereinbarung des Reiseprogramms mit Suntours gefragt und war gespannt, was uns wohl erwarten würde. Von Yerevan aus fuhren wir zunächst an den 1900 Meter hoch gelegenen Sevansee und wollten dort das Kloster Sevanavank anschauen. Durch glückliche Umstände – jedenfalls stellte sich im Nachgang heraus, dass es sehr günstig war – fuhr Artosch versehentlich am angestrebten Ziel vorbei. Tatev bewies erneut ihre Flexibilität samt Improvisationstalent und schlug vor, das Kloster am nächsten Tag zu besuchen.

Die Straße führte uns weiter in die Höhe und mündete schließlich in einen Tunnel. Als wir diesen am anderen Ende wieder verließen staunten wir nicht schlecht. Wir hatten offenbar eine völlig andere Klimazone erreicht, wie an der Vegetation zu erkennen war. Um es etwas vereinfacht zu beschreiben: Es sah aus wie in Deutschland. Sehr viel Wald mit uns vertrauten Baumarten und auch die Landschaft sowie die sonstige Vegetation erinnerten uns viel mehr an bewaldete Gebiete im Süden Deutschlands als an das bisher erkundete Armenien. Lediglich Tannen und Fichten waren keine zu finden, dafür mehr Kiefern und natürlich Laubbäume. Vom Tunnel aus ging es wieder abwärts und wir sahen, wie so oft in den ländlichen Gebieten, etliche Straßenverkäufer. Und wie wir auch an anderen Straßen schon beobachten konnten, bot jeder dasselbe Produkt an. In dieser Gegend handelte es sich dabei um gekochte Maiskolben. Die Straßenhändler hatten einen großen Topf voll Wasser, das sie auf einem Feuerofen erhitzten. Wir hielten bei einem der Maisverkäufer an, um uns einen kleinen Imbiss zu gönnen. Jeder von uns kaufte für jeweils 500 Dram, das sind etwa 90 Cent, einen sehr aromatischen und wohlschmeckenden Maiskolben. Tatev sprach den alten Mann gleich als *Babican* an, also als Opa. Er hatte wohl ein Schild, auf dem in armenischer Sprache so etwas wie *Opa verkauft Mais* stand. Die Begegnung mit dem Opa war sehr herzlich und wir machten vergnügt ein paar Fotos mit ihm. Tatev hat eine große Gabe, fröhlich und offen auf Menschen zuzugehen. Nach der kleinen Stärkung ging es weiter.

Die Fahrt führte uns nach Idschewan und schließlich zum Apaga-Resort mit dem *Yell Extreme Park*. Das Apaga-Resort liegt recht hoch und bietet den Gästen in etlichen Gästehäusern gemütliche Unterkünfte und viele Freizeitangebote. Eine der Attraktionen sind Zip Lines, das heißt lange, über eine Schlucht gespannte Taue, an denen man ausgerüstet mit Klettergurt und einer speziellen Vorrichtung am Tau entlang gleichsam über die Schlucht fliegen kann. Man schwebt dabei weit über dem Abgrund, landet am

Ende aber sicher auf der gegenüber liegenden Plattform. Auch ein Kletterpark ist vorhanden, Reiten, Paintball und vieles mehr wird geboten. Martin und ich entschlossen uns, schlicht unsere Füße zu benutzen und die etwa eine Stunde entfernte Schlucht aufzusuchen. Endlich konnten wir die ersehnte Wanderung antreten. Der Weg führte zunächst durch den Wald und eröffnete dann den Blick in eine tiefe Schlucht. Nicht ganz schwindelfreien Wanderern würde ich empfehlen, die Augen fest auf den Weg zu richten und den Blick in die Tiefe zu vermeiden. Nach etwa einer Stunde erreichten wir ein Camp am Fuße des tiefen Tales. Dort wurden wir sehr freundlich begrüßt, bekamen einen Kaffee und erkundeten danach die Gegend, insbesondere den frischen Gebirgsbach. Ins Camp zurückgekehrt, wurden wir zur Besichtigung von Höhlen eingeladen, zunächst gab es jedoch noch Gesang und Gedichtrezitationen am Sammelplatz des Camps. Die auf Armenisch vorgetragenen Gedichte erheiterten die Anwesenden sehr. Uns blieb mangels Sprachkenntnis nicht viel mehr übrig als freundlich und höflich mitzulächeln. Eine junge Frau spielte danach Gitarre und sang mit kräftiger Stimme einige schöne Lieder.

Schließlich brachen wir mit ein paar anderen Besuchern des Camps in Richtung der Höhlen auf. Der Weg führte uns ein Stück weit nach oben, und nach einigem Kraxeln erreichten wir eine in die Felsen eingelassene Höhle, die diesen Namen allerdings kaum verdiente. Im Grunde handelte es sich eher um eine Einbuchtung in den Felsen. Dann fiel uns aber ein Loch in der Decke der Einbuchtung auf, welches über eine Leiter erreicht werden konnte. Unser Führer stieg die Leiter hoch und verschwand in der Dunkelheit der nach oben führenden Röhre. Nun wurde mir klar, weshalb er eine Lampe dabeihatte. Durch einen Blick nach oben konnte ich erkennen, wie er von unten einen Deckel hob und schließlich oben verschwand. Nun lud er uns ein, ihm nachzufolgen. Die ganze Angelegenheit wirkte etwas abenteuerlich und sah auch nicht ganz ungefährlich aus. Martin, der Mutigere von uns beiden, folgte unserem Führer sogleich und verschwand ebenfalls in der Höhle. Auf den ersten Blick sah es für mich nahezu unmöglich aus, das Ziel in etlichen Metern Höhe durch diese dunkle Röhre zu erreichen. Schließlich fasste ich ein Herz und machte mich ebenfalls auf den Weg. Aus der Nähe betrachtet zeigte sich, dass der Aufstieg, nachdem die erste Anfangsschikane überwunden war, durch in die Röhrenwand eingehauene Stufen etwas leichter war, als es zunächst anmutete. Ich kam heil oben an und befand mich zusammen mit den anderen in der eigentlichen Höhle, die selbst für einen Aufenthalt im Winter geeignet war. Tatsächlich halten sich einige der Leute, die in der Sommerzeit dauerhaft in dem Camp leben, auch im Winter in dieser Höhle auf.

Ich vermute nicht, dass sie darin überwintern – wozu auch – aber einige Tage waren sie wohl immer wieder dort. Die Höhle wird auch ohne künstliches Licht durch ein Fenster hell genug ausgeleuchtet. Es gab tatsächlich ein Glasfenster, das in eine seitliche Öffnung der Höhle eingelassen war. Ein Ofen sorgt in kalten Jahreszeiten für die erforderliche Temperatur und unbequem wirkende Feldbetten erlauben, in der Höhle zu übernachten. Wir waren erneut sehr erstaunt, was in Armenien alles zu finden ist. Unsere Begleiter erläuterten, dass in Kriegszeiten Menschen in der Höhle Zuflucht gefunden hätten.

Nachdem wir die Höhle wieder verlassen hatten, wobei der Abstieg durch die Röhre abenteuerlicher war als der Aufstieg, zeigte unser Führer nach oben und forderte Martin und mich auf, über die Felsen weiter nach oben zu klettern. Tatsächlich stießen wir nach wenigen Minuten auf den Weg, auf dem wir gekommen waren. Nach einer weiteren knappen Stunde kehrten wir zurück ins Resort und zu unseren Lagerstätten. Nach einem kleinen Schlaftrunk begaben wir uns früh zur Nachtruhe.

Tag 11 – 20.08.2018

Nach einer verhältnismäßig kühlen Nacht, die uns den Nutzen einer warmen, kuschligen Bettdecke neu ins Gedächtnis rief, nahmen wir unser Frühstück im Restaurant des Resorts ein. Es schmeckte recht gut, machte uns aber gleichzeitig bewusst, wie sehr uns das Hotel *Hin Yerevantsi* in dieser Hinsicht verwöhnt hatte. Tatev und Artosch, die eine andere Unterkunft hatten, kamen nach dem Frühstück und holten uns ab. Heute standen das am Vortag versehentlich umfahrene Kloster Sevanavank sowie der Sevansee selbst auf dem Programm. Gut, dass Martin und ich mit einem *High Five* am Vortag vereinbart hatten, dass wir in jedem Fall im Sevansee schwimmen würden – außer bei Gewitter. Ansonsten wäre dieser Programmpunkt vermutlich ausgefallen. Doch dazu später mehr.

An nichts gewöhnt man sich schneller als an Neues und Überraschendes und so hatte die Rückfahrt durch die so deutsch wirkende Landschaft fast schon etwas Gewöhnliches. Erwähnen möchte ich noch einen Einkaufsstopp in Idschewan, bei dem die Stadt einen tiefen Eindruck auf mich hinterließ. Wirkte sie doch sehr viel ärmer als Yerevan und auch Gyumri, jedenfalls verglichen mit den Gegenden dieser Städte, die ich gesehen hatte. Es ist schwer zu beschreiben, wodurch dieser Eindruck, der natürlich auch getäuscht haben mag, entstand. Es lag vor allem an den

Geschäften und die Art, wie die Waren präsentiert und angeboten wurden.

Nachdem wir erneut Babican mit seinen Maiskolben gesehen, den Tunnel durchquert und den Pass erreicht hatten, fuhren wir nun ohne weitere Umwege zum Kloster Sevanavank, das sich auf einer Halbinsel am Sevansee befindet. In dessen Umfeld befindet sich Armeniens zweitgrößte theologische Ausbildungsstätte neben Etschmiadsin, das Wasgenyan Priesterseminar. Die dort und in Etschmiadsin ausgebildeten Männer können sich ein bis zwei Jahre vor Beendigung ihres Studiums für oder gegen ein zölibatäres Leben entscheiden. Nur im Zölibat lebende Priester können Bischof oder gar Katholikos, also Oberhaupt der armenisch-apostolischen Kirche, werden. Dem Priesteramt steht eine Heirat jedoch nicht generell entgegen. Aus meiner Sicht ist das eine praktikable und sinnvolle Lösung.

Die Halbinsel hat noch mehr zu bieten. Zum einen befindet sich dort die Sommerresidenz des armenischen Präsidenten. Zum anderen ist sie schlicht ein Touristenort mit Restaurants und einer Vielzahl an Verkaufsbuden. Bemerkenswert ist, dass die Halbinsel erst zur Zeit Stalins durch eine künstliche Absenkung des Wasserspiegels um etwa zwanzig Meter zur Bewässerung und Energiegewinnung zu einer solchen wurde. Davor war sie eine gewöhnliche Insel. Die Mönche fuhren früher wohl gerne Boot.

Weiter ging es zu einem Strandbad. Dass wir problemlos einen Parkplatz bekamen und tausend Liegestühle gleichzeitig hätten belegen können, lag wohl am Wetter. Es war eben bewölkt und kühl. Aber wir hatten vereinbart zu schwimmen und konnten uns diesem Plan mangels Gewitter nicht mehr entziehen. Wir zogen Badekleidung an und schwammen tapfer im spürbar weniger als zwanzig Grad kalten Wasser ein wenig hin und her. Es war wahrlich frisch, aber zumindest waren uns Artoschs und Tatevs Bewunderung sicher.

Schließlich fuhren wir zurück nach Yerevan. Der Abschied von Tatev stand unmittelbar bevor. Wir waren unserer *Mama* sehr dankbar für die zehntägige Begleitung. Führte sie uns doch nicht nur zu den schönsten und wichtigsten Sehenswürdigkeiten, sondern auch zu den besten Restaurants, die uns sehr begeistert hatten. Außerdem waren wir ihr sehr dankbar für die persönlichen Kontakte zu ihrer Verwandtschaft, die unsere Reise wertvoll bereicherten. Wir bedankten uns noch einmal in aller Herzlich- und Ausführlichkeit und wurden von Artosch zum Büro von Suntours gebracht. Dort lernten wir einige Mitarbeiterinnen von Samuel kennen, unter anderem Marina, mit der ich im Vorfeld der Reise Kontakt hatte.

Ein Programmpunkt stand noch aus: Das Abendessen bei Kerzenlicht. Wir waren sehr gespannt, wurde uns doch im Vorfeld von köstlichem und frischestem Fisch vorgeschwärmt. Nach etwa einer halben Stunde Fahrt erreichten wir unser Ziel. Die Lokation lässt sich weniger als Restaurant beschreiben, als eher eine Kombination aus Fischzucht und verschiedensten Gebäuden mit Speiseräumen. Ehe wir unseren Tisch zugewiesen bekamen, wurden wir Zeuge eines Teils der langen Kette in einem Fischleben vom Rogen zur Mahlzeit. Konkreter befindet dieser Prozessschritt zwischen einem zappelnden Wesen im Netz und dem Arbeitsbrett dessen, der den Fisch von seinen Innereien befreit. Auch ein kräftiges Stück Holz spielte dabei eine Rolle. Konkreter möchte ich den Vorgang aus Rücksicht auf den sensiblen Teil der Leserschaft nicht ausführen.

Artosch und Samuel, die beide kaum Deutsch oder Englisch sprachen, erklärten uns, dass der russische Name des Fischs, den wir auf den Teller bekommen sollten, *Sterlet* sei. Es dauerte eine Weile bis uns klar war, dass das auch der deutsche Name des Fisches ist und es sich dabei um eine Störart handelt. Auf dem Weg zum Erkenntnisgewinn hatte ich einen populären Internetübersetzer vom Russischen ins Deutsche bemüht, der richtigerweise, aber für mich zunächst unglaubwürdig erscheinend, als deutsche Übersetzung für das russische Wort *Sterlet* ebenfalls *Sterlet* angab. Erst die Suche nach Fotografien des Fischs brachte die gewünschte Klarheit.

Unabhängig vom Namen des Fischs hatten wir

ein köstliches Geschmackserlebnis. Das gegrillte Tier schmeckte unglaublich lecker und war dank weniger Gräten mühelos zu verzehren. Auch Gemüse, Wein und Kaffee waren sehr fein. Schließlich machten wir uns gesättigt wieder auf den Rückweg.

So endete unser letzter Tag in Armenien mit einem hervorragenden Abendessen, ehe Artosch uns am selben Abend am Flughafen Zvartnots in Yerevan absetzte. Eine erlebnis- und lehrreiche Reise in ein wunderbares Land ging zu Ende.

Nachwort

Noch immer erinnere ich mich sehr gerne an unsere Reise zurück. Armenien ist ein Land reich an Kultur und schöner Landschaft. Und ich möchte nicht unerwähnt lassen, dass wir uns stets und überall sicher fühlten, was das Reisen in einem fremden Umfeld enorm erleichtert.

Besonders beeindruckte mich das Selbstverständnis und die hohe Identifikation der Armenier mit ihrem Land und ihrer Kultur. Immer wieder beschäftigte mich deshalb der Unterschied in Bezug auf Geschichte und Gegenwart zwischen unserem Land und dem armenischen Volk.

Dieses Land ist eine Reise wert.